Coleção Eu gosto m@is

Volume 1

Educação Musical

Ensino Fundamental

Marta Deckert

Mestre em Educação (UFPR), especialista em Educação Musical e Regência de Coro Infantojuvenil (Escola de Música e Belas Artes do Paraná – Embap), bacharel em Música (Embap), licenciada em Ciências Biológicas (Unoesc). Atua como professora na área de Educação Musical na Educação Infantil, no Ensino Fundamental e no Ensino Superior. Possui publicações de livros e artigos na área. Ministra palestras, cursos e oficinas para professores especialistas e não especialistas na área de música.

IBEP

1ª edição
São Paulo
2013

COLEÇÃO EU GOSTO M@IS
Educação Musical – Volume 1
© IBEP, 2013

Diretor superintendente	Jorge Yunes
Diretora adjunta editorial	Célia de Assis
Assessora pedagógica	Valdeci Loch
Editores	Kelle Cristine da Silva
	Ricardo Soares
Revisão técnica	Juliana Gardusi
	Hélcio Hirao
	José Eduardo Bracco
Revisão	Juliana Bassichetti
	Lucy Myrian Chá
	Fernanda Santos
	Maria L. Favret
	Lucia Helena Ferreira
Coordenadora de arte	Karina Monteiro
Assistentes de arte	Marilia Vilela
	Nane Carvalho
Coordenadora de iconografia	Maria do Céu Pires Passuello
	Ana Claudia Dias
Assistentes de iconografia	Adriana Neves
	Simone da Costa Silva
	Wilson de Castilho
Produção gráfica	José Antônio Ferraz
Assistente de produção gráfica	Eliane M. M. Ferreira
Projeto gráfico	APIS – Design integrado
Diagramação	SG-Amarante Editorial
Ilustrações	Silmara Takazaki Egg
	Cide Gomes
	Hettore Santiago
Capa	APIS – Design integrado

CIP-BRASIL. CATALOGAÇÃO NA PUBLICAÇÃO
SINDICATO NACIONAL DOS EDITORES DE LIVROS, RJ

D348e

Deckert, Marta
  Eu gosto m@is Educação Musical Volume 1 / Marta Deckert. – 1. ed. – São Paulo : IBEP, 2013.
  48 p. : il. ; 28 cm. (Eu gosto m@is)

  ISBN 9788534237079 (mestre) / 9788534237024 (aluno)

  1. Música – Instrução e estudo (Ensino fundamental). 2. Música na educação. I. Título. II. Série.

13-04094　　　　　　　　　　　　CDD: 780.7
　　　　　　　　　　　　　　　　 CDU: 78(07)

15/08/2013　　　　　　　　　　　　　　　　　　　16/08/2013

1ª edição – São Paulo – 2013
Todos os direitos reservados

IBEP

Av. Alexandre Mackenzie, 619 – Jaguaré
São Paulo – SP – 05322-000 – Brasil – Tel.: (11) 2799-7799
www.ibep-nacional.com.br   editoras@ibep-nacional.com.br

APRESENTAÇÃO

Querido aluno, querida aluna,

Estamos rodeados de sons em todos os momentos, em todos os dias da nossa vida. Em casa, ouvimos as vozes das pessoas com quem convivemos, os sons de aparelhos como: televisão, rádio, liquidificador, máquina de lavar e de outros utensílios da cozinha etc. Na escola, então, ouvimos a voz dos colegas, dos professores, o barulho da bola, dos lápis etc.

O presente livro, seu companheiro nesta etapa, irá explorar todos esses sons. Mas você também irá descobrir os sons de vários instrumentos musicais e conhecerá *O trenzinho do caipira*, obra do compositor Villa-Lobos, que vai nos levar a uma bela viagem ao mundo dos sons.

Vamos juntos conhecer esse mundo, o mundo da música...

Bom trabalho!

A AUTORA

SUMÁRIO

LIÇÃO		PÁGINA
1	Os sons do nosso dia a dia	5
2	Sons longos e curtos	9
3	Sons graves e agudos	12
4	Sons fracos e fortes	15
5	Os instrumentos musicais	17
6	Heitor Villa-Lobos	22
7	"O trenzinho do caipira"	24
8	Família dos instrumentos	29
9	Pixinguinha	32
10	Choro ou chorinho	35
11	Músicas para brincar: folclore infantil	36
	Referências	40
	Sugestões de leitura	40

LIÇÃO 1

Os sons do nosso dia a dia

> TODOS OS DIAS E EM TODOS OS MOMENTOS ESTAMOS CERCADOS POR MUITOS E MUITOS SONS QUE VÊM DE FORA... QUE VÊM DE DENTRO... EM CADA BATIDA... EM CADA MOVIMENTO.

Imagine que você é um personagem em cada uma das imagens a seguir.

Quais os sons que você poderia ouvir? Há sons iguais? O que você acha que está acontecendo em cada uma delas?

Uma tarde de domingo na Ilha da Grande Jatte. Georges Seurat. 1884. Óleo sobre tela, 207,6 cm × 308 cm.

Morro da favela. Tarsila do Amaral. 1924. Óleo sobre tela, 64 cm × 76 cm.

Bateria de escola de samba. Brasileiros em Londres.

Trânsito na cidade de Colônia, Alemanha.

5

1 Você ouvirá uma sequência de sons produzidos por objetos, pessoas e animais. Represente esses sons por meio de desenhos.

1	2
3	4
5	6

LIÇÃO 1

VAMOS PESQUISAR

2 **Pesquisa em revistas e jornais.** Procure gravuras, desenhos ou fotografias de pessoas, animais ou objetos que produzam os sons que podem ser ouvidos no lugar onde você vive. Recorte-as e cole no espaço a seguir.

LIÇÃO 1

3 As imagens a seguir representam alguns animais e objetos que produzem sons. Você irá ouvi-los e numerar essas imagens pela ordem em que eles aparecem.

LIÇÃO 1

LIÇÃO 2

Sons longos e curtos

1 Ouça os sons, circule as imagens que representam objetos, pessoas e animais que produzem sons longos e faça um X nas que representam objetos, pessoas e animais que produzem sons curtos.

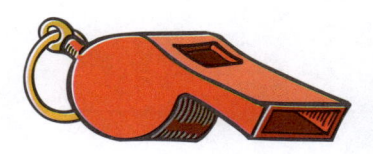

a) Apito ☐

b) Bola ☐

c) Carro ☐

d) Crianças ☐

e) Cachorro ☐

f) Gato ☐

g) Relógio ☐

h) Colheres ☐

Ilustrações: iStock / ChromaCo / Colorlife / Virinaflora / AlexeyZet / Notkoo

2 Vamos passear pela escola. A seguir, registre, por meio de desenho, os sons longos e curtos que você ouviu produzidos por objetos, animais, pessoas etc.

Sons longos

Sons curtos

LIÇÃO 2

VAMOS BRINCAR

3 Nós podemos brincar imitando os passos do ratinho e do elefante. Vamos representá-los usando o seguinte registro.

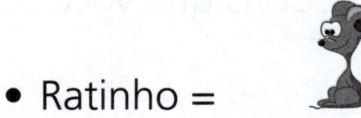

- Ratinho = = sons curtos = _ _ _ _ _

- Elefante = = sons longos = ___ ___

Agora, registre os sons que irá ouvir utilizando os traços.

Ilustrações: Virinaflora

4 Observe os trechos rítmicos a seguir. Execute-os.

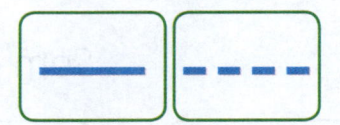

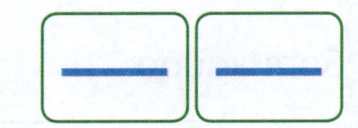

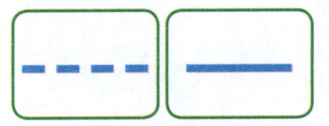

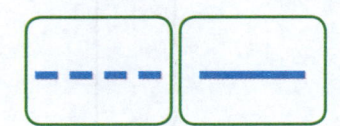

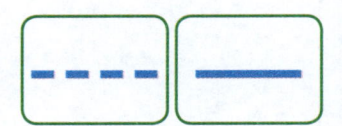

5 Vamos criar o nosso trecho rítmico utilizando sons longos e curtos.

LIÇÃO 2

LIÇÃO 3

Sons graves e agudos

[1] Estamos rodeados por vários objetos, pessoas, animais, equipamentos, carros etc., que produzem sons graves e agudos. Registre, por meio de desenhos, sons que você pode encontrar na escola ou na sala de aula.

Som agudo

Som grave

[2] Descobrindo os sons graves e agudos: explore os sons produzidos por vários tipos de embalagens; na sequência, recorte de revistas ou encartes publicitários imagens de embalagens que produzem som agudo e grave e cole-as a seguir.

Som agudo

Som grave

3 Registre os sons graves e agudos na sequência que você ouviu.

1	2
3	4

4 A voz das pessoas também pode ser classificada como grave ou aguda. Observe as imagens a seguir, ouça os sons, circule a imagem que representa pessoas que têm vozes agudas e marque com um X as pessoas com vozes graves.

Ilustrações: Imaginario Sudio

5 Os animais produzem sons agudos e graves. Observe os animais a seguir. Ouça-os e marque com um X os animais que produzem sons agudos.

6 Ouça os sons e registre-os: **G** para som **grave** e **A** para som **agudo**.

SEQUÊNCIA	SOM 1	SOM 2
A		
B		
C		
D		
E		
F		

7 Criando uma sequência musical: vamos escolher um objeto ou instrumento musical da sala de aula. Em grupos, vamos criar uma música em que apareçam os sons graves e agudos. Registre a seguir como ficará a sequência de sons e quem as tocará.

LIÇÃO 3

LIÇÃO 4

Sons fracos e fortes

1. Registre por meio de desenho ou recorte de revistas imagens que representem sons fortes e fracos.

Sons fracos	Sons fortes

2. Em nossa casa, na cozinha, existem vários objetos que produzem sons. Os sons dos objetos podem ser classificados em fortes e fracos.

A seguir, registre por meio de desenhos e peça a um adulto que escreva o nome desses objetos.

Fraco	Forte
_____	_____

3 A voz de cada animal possui uma qualidade sonora. Alguns sons podem ser classificados como fracos, fortes, agudos e graves. Observe as imagens a seguir e ouça o som de cada animal. Registre os sons que produzem: forte ou fraco.

4 Observe as imagens a seguir. Se pudéssemos ouvir os sons presentes em cada uma destas imagens: qual a imagem que tem sons fracos? qual a imagem que tem sons fortes?

Agora, observe os meios de transporte e os animais ilustrados a seguir, indique com X os que produzem som forte e circule os que produzem som fraco.

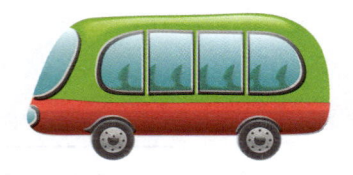

LIÇÃO 4

LIÇÃO 5

Os instrumentos musicais

1. Os instrumentos musicais podem ser de vários tamanhos e eles podem produzir sons graves ou agudos. A seguir temos a imagem de vários instrumentos. Ouça o som de cada um e marque com um X aqueles que produzem sons graves.

Tambor

Violão

Violino

Pandeiro

Flauta doce

Caixa-clara

Ilustrações: Tele52 / Lamnee / H.Santiago /

2 Observe os conjuntos. Ouça o som de cada instrumento e marque o conjunto com maior quantidade de instrumentos que produzem sons agudos.

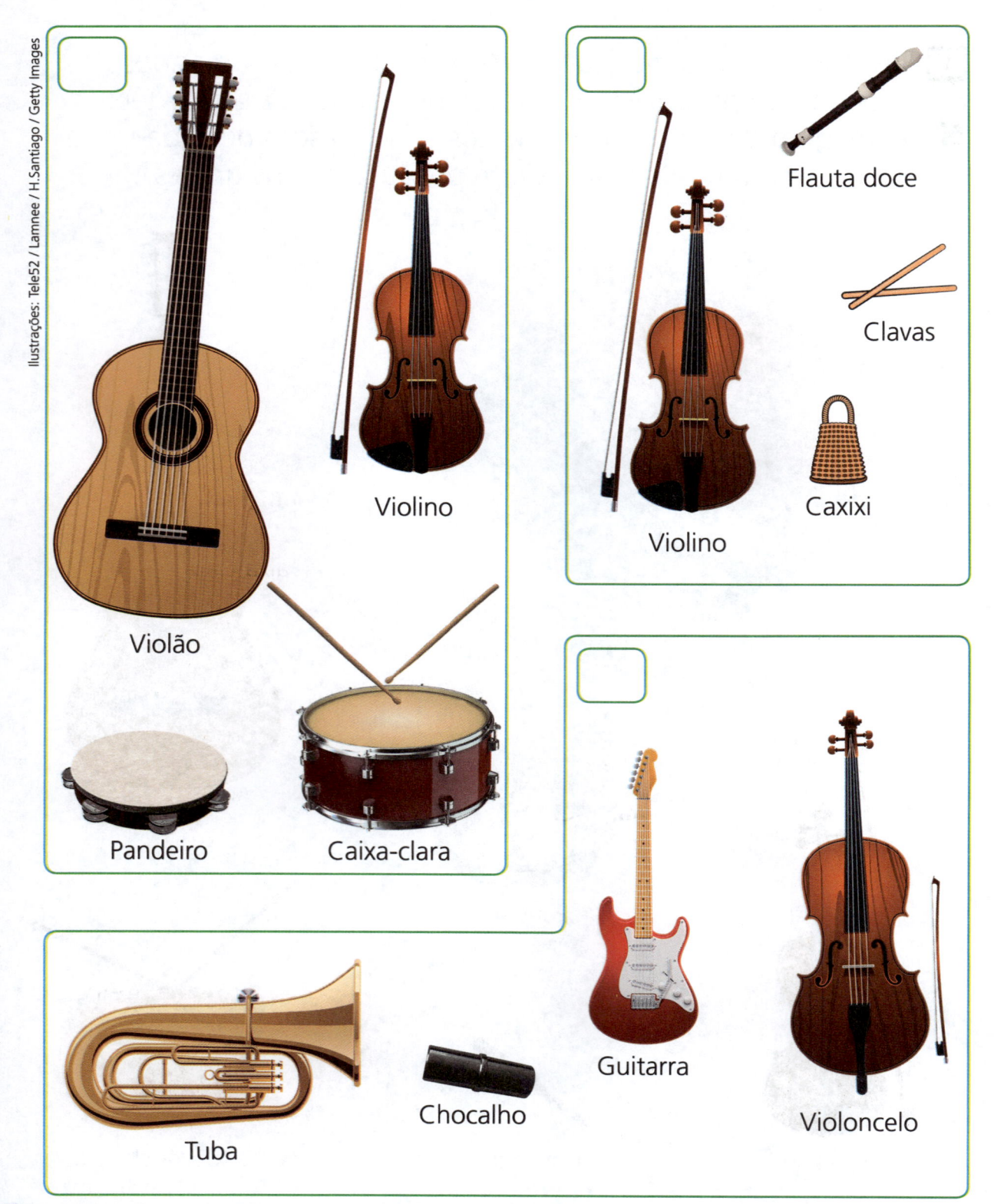

☐
- Violão
- Violino
- Pandeiro
- Caixa-clara

☐
- Flauta doce
- Clavas
- Violino
- Caxixi

☐
- Tuba
- Chocalho
- Guitarra
- Violoncelo

LIÇÃO 5

3 Observe as ilustrações e ouça o som dos instrumentos musicais de cada conjunto. Procure e assinale com X o instrumento que não pertence ao grupo.

Clavas
Caxixi
Tuba
Chocalho

Flauta doce
Caixa-clara
Saxofone
Flauta transversal

Violino
Agogô
Violão
Guitarra

LIÇÃO 5

4 Ouça os instrumentos musicais a seguir e depois observe as fotos. Perceba como cada um dos instrumentos produz som.

Marque com um X os instrumentos que produzem som tocando nas cordas.

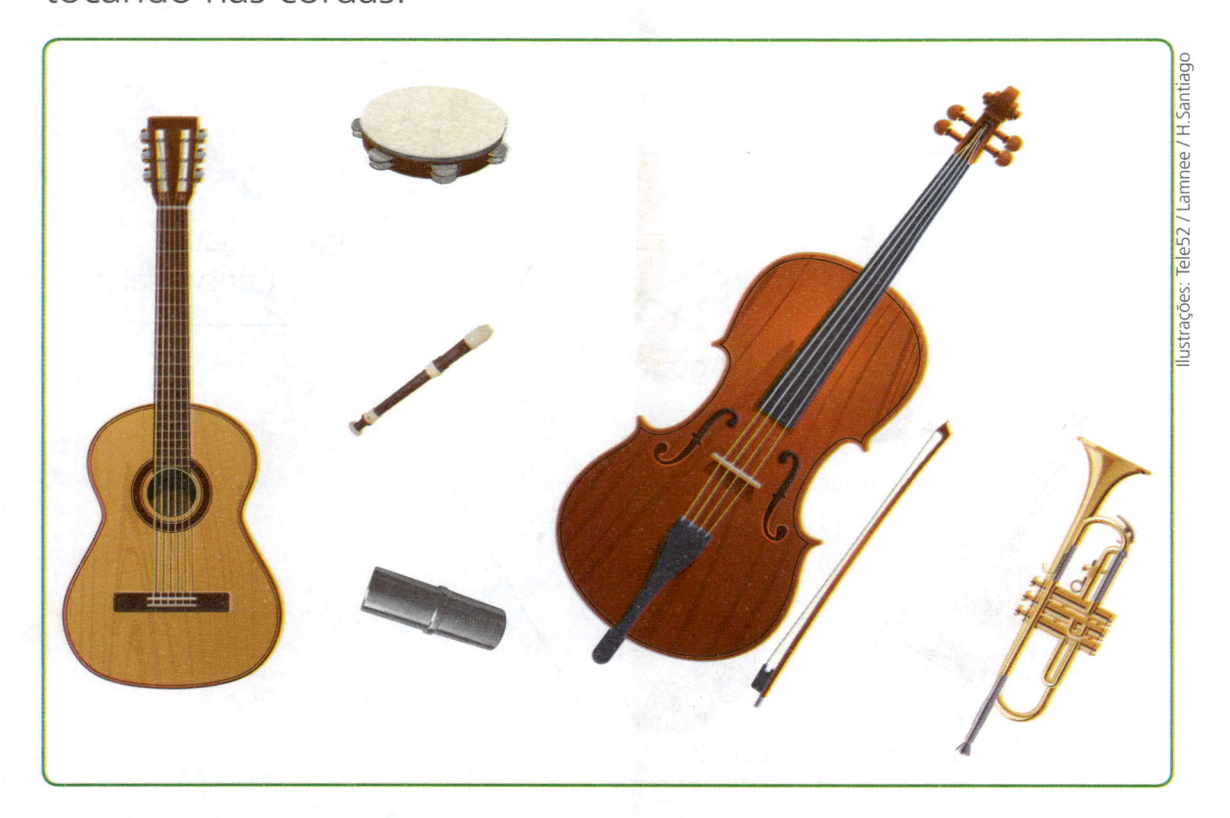

Marque com um X os instrumentos que produzem som quando batemos ou percutimos.

5 Os instrumentos de sopro podem ser de madeira ou metal. A seguir, pinte o quadrado que indica os instrumentos de sopro.

☐ Violão   ☐ Violino   ☐ Pandeiro

☐ Flauta transversal   ☐ Trompete   ☐ Clarinete

LIÇÃO 5

LIÇÃO 6

Heitor Villa-Lobos

NASCI NO RIO DE JANEIRO, EM 1887.
GOSTAVA DE PIPA, DE BOLA,
MAS DO QUE EU GOSTAVA MESMO
ERA DA MÚSICA E DO SOM DA VIOLA.

MEU PAI, DE NOME RAUL,
ENSINOU AS PRIMEIRA NOTAS MUSICAIS,
ENSINOU VIOLONCELO
E, PODE CRER, MUITO MAIS!

AOS DOZE ANOS, SEM O MEU PAI,
TOQUEI EM BARES, BAILES E CAFÉS,
CONHECENDO MÚSICOS
INTERESSANTES DEMAIS.

Heitor Villa-Lobos, 1952.

APRENDI A TOCAR VIOLÃO,
VIAJEI POR MUITAS CIDADES DO BRASIL.
CONHECI A MÚSICA BRASILEIRA.
E PARA MUITOS ESCREVI.

MÚSICA, MÚSICA, MÚSICA...
OH! COMO ESCREVI
ERA CONHECIDO NA EUROPA
MAIS DO QUE AQUI!
ESCREVI AS CIRANDAS, AS SINFONIAS,
AS BACHIANAS BRASILEIRAS E AS FANTASIAS,
TUDO COM SOM BEM BRASILEIRO,
PARA MINHA ALEGRIA!

MÚSICA PARA PIANO, MÚSICA PARA VOCAL,
MÚSICA PARA VIOLONCELO E TAMBÉM PARA CORAL.
MAS UM DIA NÃO PUDE ESCREVER MAIS...
DEIXO, ENTÃO, PARA VOCÊS A MINHA MÚSICA E NADA MAIS.

MARTA DECKERT. TEXTO ELABORADO ESPECIALMENTE PARA ESTA OBRA.

1. Escreva a primeira letra de cada figura e descubra do que Villa-Lobos mais gostava.

☐ ☐ ☐ ☐ ☐ ☐

2. Agora volte ao poema, procure e pinte nele a palavra que você encontrou na atividade 1.

3. Heitor Villa-Lobos escreveu música para vários instrumentos. Procure no caça-palavras e complete os quadros a seguir.

- música para ☐☐☐☐
- música para ☐☐☐☐
- música para ☐☐☐☐☐☐☐☐☐
- música para ☐☐☐☐☐

L	C	T	A	Z	O	A	Q	W	R
I	O	N	V	O	C	A	L	J	E
P	R	E	R	U	A	X	R	E	S
R	A	D	G	H	S	G	A	I	A
Á	L	M	P	I	A	N	O	V	T
E	D	F	H	K	U	P	S	A	Y
V	I	O	L	O	N	C	E	L	O

23

LIÇÃO 7

"O trenzinho do caipira"

1 Observe as imagens:

Chegada de um trem. Claude Monet. 1877. Óleo sobre tela, 80 cm × 98 cm.

Trem de carga. Canadá.

Trem-bala. Japão.

Trem a vapor. República Checa.

Marque a alternativa correta:

a) Qual tipo de meio de transporte vemos nessas imagens?

☐ Ônibus   ☐ Carro

☐ Trem   ☐ Navio

b) Em suas viagens, o que ele pode levar?

- ☐ Pessoas
- ☐ Diversos produtos para as indústrias
- ☐ Árvores
- ☐ Malas

c) Por quais lugares ele pode passar?

- ☐ Montanhas
- ☐ Rios
- ☐ Oceano
- ☐ Estradas

2 Imagine que você irá fazer uma viagem de trem. O que poderá ver no caminho?

_____
_____
_____
_____
_____
_____
_____
_____
_____
_____
_____

3 O compositor Villa-Lobos, quando criança, gostava muito de trem. Quando cresceu, escreveu a música *O trenzinho do caipira*. Ouça-a e imagine por onde o trem passou. Desenhe a seguir as coisas que havia no caminho.

4 Desenhe nos quadros a seguir, o que poderíamos descrever que aconteceu em cada parte da música.

5 Na música *O trenzinho do caipira*, de Villa-Lobos, temos dois instrumentos que tocam a melodia principal: um na primeira parte e outro na terceira parte da música. Circule esses instrumentos.

Flauta transversal

Trompete

Piano

Violino

Violoncelo

Tambor

Ilustrações: Tele52 / Lamnee

LIÇÃO 7

27

VAMOS BRINCAR

6 Brincadeira do trem.

O professor será o líder e os alunos estarão sentados à sua frente.

Quando o professor levantar o braço direito ou o esquerdo, os alunos terão de bater palmas no mesmo pulso do movimento.

Quando o professor abrir os dois braços para o lado, os alunos terão de dizer "piuiiiii".

Assim segue a brincadeira, com palmas e som do trem.

VAMOS CONSTRUIR

7 Vamos confeccionar um chocalho com latinhas de extrato ou molho de tomate para brincar com o som produzido pelo trem.

a) Quando o professor levantar o braço, tocar o chocalho.

b) Tocar o chocalho acompanhando a música.

c) Tocar o chocalho andando pela sala.

d) Tocar o chocalho e cantar a música.

LIÇÃO 8

Família dos instrumentos

Os instrumentos musicais pertencem a uma **família**. Na orquestra, os instrumentos são divididos assim:
- Família das cordas.
- Família das madeiras.
- Família dos metais.
- Família da percussão.

FAMÍLIA DAS CORDAS

Violino   Viola   Violoncelo   Contrabaixo

Fotos: © Nina Morozova / Didem Hizar / nikkytok / MM / Fotolia.com e Jjames Steidl / James Group Studios inc.

1. Em uma das partes da música *O trenzinho do caipira*, a melodia é executada por meio de um instrumento da família das cordas. Qual é esse instrumento?

_____

FAMÍLIA DAS MADEIRAS

Flauta transversal

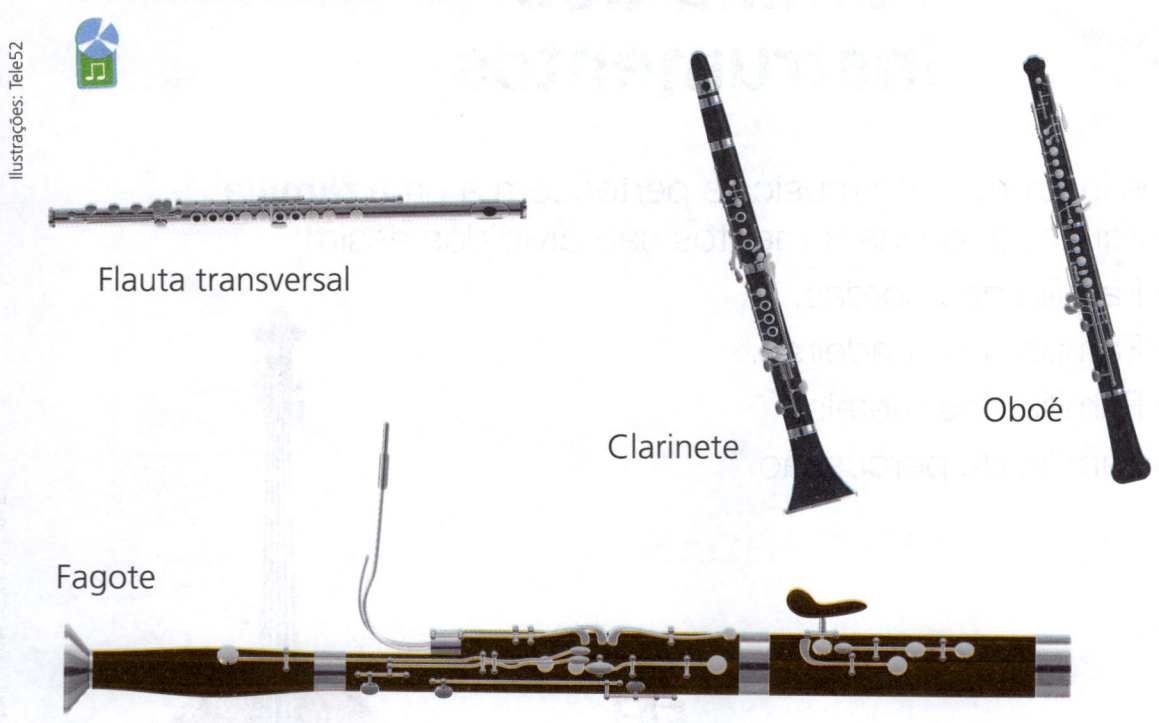

Clarinete

Oboé

Fagote

2 Ouça o som do violino e da flauta transversal.

Violino

Flauta transversal

3 Em uma das partes da música *O trenzinho do caipira*, a melodia é executada por meio de um instrumento da família das madeiras. Qual é esse instrumento?

_____

LIÇÃO 8

4 Escreva o nome dos instrumentos e circule os que pertencem à família das cordas.

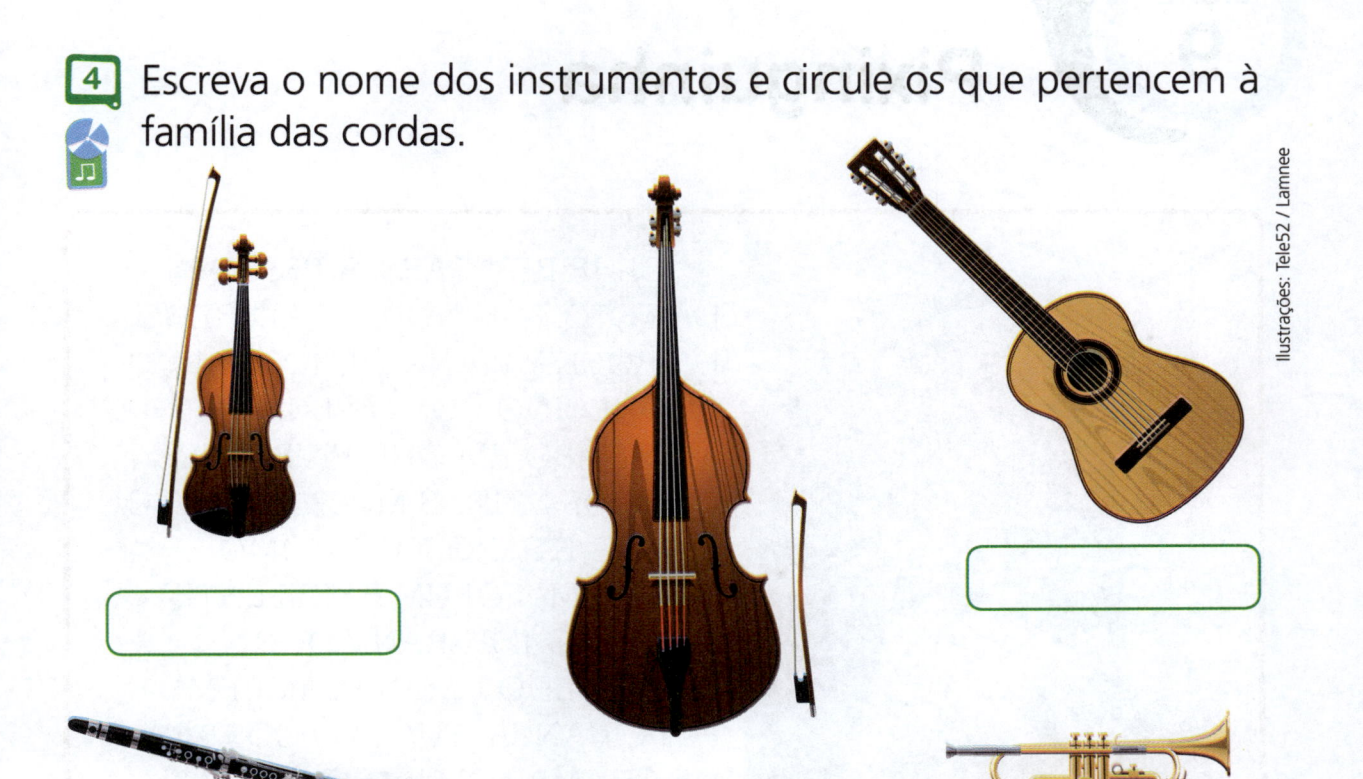

5 Escreva o nome dos instrumentos e circule os que pertencem à família das madeiras.

LIÇÃO 8

LIÇÃO 9

Pixinguinha

OLHE BEM PARA A PESSOA DA FOTO. SEU NOME É ALFREDO DA ROCHA VIANA FILHO, MAIS CONHECIDO COMO PIXINGUINHA. NO TEMPO EM QUE VIVEU, ELE COMPÔS MUITAS MÚSICAS, TOCOU FLAUTA E SAXOFONE COMO NINGUÉM, FOI UM EXCELENTE MAESTRO E ARRANJADOR.

ALFREDO UM DIA TAMBÉM FOI CRIANÇA. SUA AVÓ GOSTAVA DE CHAMÁ-LO DE "PINZINDIM", PALAVRA QUE QUER DIZER "MENINO BOM", NUMA LÍNGUA AFRICANA.

CERTA MANHÃ, ALFREDO LEVOU UM SUSTO QUANDO OLHOU NO ESPELHO: ESTAVA COBERTO DE BEXIGUINHAS. ERAM SINAIS DE UMA DOENÇA DANADA CHAMADA VARÍOLA. LOGO TODOS ESTAVAM CHAMANDO ALFREDO DE "BEXIGUINHA".

Pixinguinha em sua casa, na rua Pixinguinha, setembro de 1966.

ELE MORAVA COM SEUS PAIS E SEUS IRMÃOS NUMA CASA BEM GRANDE. O PAI ERA FLAUTISTA, ALGUNS DE SEUS IRMÃOS TOCAVAM OUTROS INSTRUMENTOS.

TODOS GOSTAVAM MUITO DE MÚSICA. A CASA VIVIA CHEIA DE CONVIDADOS.

PIXINGUINHA ERA UM MENINO MUITO TALENTOSO. GANHOU DO SEU PAI UMA FLAUTA E COMEÇOU A ESTUDAR MÚSICA COM O PROFESSOR IRINEU DE ALMEIDA, GRANDE COMPOSITOR, CONHECIDO POR TODOS COMO IRINEU BATINA,

POR CAUSA DA ROUPA QUE COSTUMAVA USAR.

NÃO DEMOROU MUITO PARA PIXINGUINHA ESTAR TOCANDO EM FESTAS E BAILES AO LADO DE GENTE GRANDE.

VIAJOU BASTANTE...

FOI INTEGRANTE DE UM CONJUNTO DE CHORO, CHAMADO "OITO BATUTAS", COM O QUAL VIVEU MUITAS HISTÓRIAS.

PIXINGUINHA GOSTAVA DE OBSERVAR AS COISAS DO MUNDO E TRANSFORMÁ-LAS EM MÚSICA: ASSIM TEMOS MÚSICAS COMO: *O GATO E O CANÁRIO*, *SAMBA NA AREIA*, *UM A ZERO*, E MUITO MAIS...

ADAPTADO DE SIMONE CIT. *HISTÓRIA DA MÚSICA POPULAR PARA CRIANÇAS*. CURITIBA: EDIÇÃO DA AUTORA, 2006.

Imagem do filme *Alma carioca: um choro de menino...* curta-metragem de William Côgo, 2007.

1 Identifique e circule os instrumentos que Pixinguinha tocava:

2 Agora, escreva o nome dos instrumentos que Pixinguinha tocava.

LIÇÃO 10

Choro ou chorinho

É um gênero da música popular brasileira. Tem um ritmo agitado e alegre. Tem como característica o improviso e o virtuosismo, por isso, para tocar choro, os instrumentistas precisam tocar muito bem seu instrumento.

É considerado a primeira música popular típica do Brasil. É essencialmente instrumental. O músico que toca choro é chamado de chorão.

Os instrumentos típicos são:

Violão de 7 cordas   Violão   Bandolim   Flauta   Cavaquinho   Pandeiro

Fotos: Gabrielt4e/W. Commons; © spinetta / Ricardo Sousa / jcarvalhozz / Nina Morozova / Dmitry Vereshchagin /Fotolia.com

O flautista João Calado é considerado um dos criadores do choro. Os chorões mais conhecidos são Chiquinha Gonzaga, Ernesto Nazareth e Pixinguinha.

1 Nós temos compositores importantes de choros, tais como: Chiquinha Gonzaga, Ernesto Nazareth, Pixinguinha, Jacob do Bandolim e muitos outros. Pesquise em *sites* de busca na internet alguma música de choro ou chorinho desses compositores, ouça-a e escreva o que se pede.

a) Nome do compositor da música: _____.

b) Nome da música: _____.

c) Quais instrumentos podemos ouvir: _____
_____.

35

LIÇÃO 11

Músicas para brincar: folclore infantil

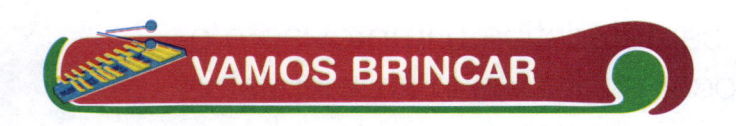

VAMOS BRINCAR

Quem não gosta de cantar e brincar com música? Vamos brincar com algumas delas? Brinquem do jeito que vocês quiserem... Brinquem de roda... Brinquem com palmas... Brinquem juntos... O importante é brincar!!!

FUI AO MERCADO

FUI AO MERCADO COMPRAR CAFÉ
E A FORMIGUINHA SUBIU NO MEU PÉ
EU SACUDI, SACUDI, SACUDI
MAS A FORMIGUINHA NÃO PARAVA DE SUBIR.

FUI AO MERCADO COMPRAR BATATA-ROXA
E A FORMIGUINHA SUBIU NA MINHA COXA
EU SACUDI, SACUDI, SACUDI
MAS A FORMIGUINHA NÃO PARAVA DE SUBIR.

FUI AO MERCADO COMPRAR LIMÃO
E A FORMIGUINHA SUBIU NA MINHA MÃO
EU SACUDI, SACUDI, SACUDI
MAS A FORMIGUINHA NÃO PARAVA DE SUBIR.

FUI AO MERCADO COMPRAR JERIMUM
E A FORMIGUINHA SUBIU NO MEU BUMBUM
EU SACUDI, SACUDI, SACUDI
MAS A FORMIGUINHA NÃO PARAVA DE SUBIR.

CANTIGA DE RODA. DOMÍNIO PÚBLICO.

A CANOA VIROU

A CANOA VIROU
POIS DEIXARAM ELA VIRAR
FOI POR CAUSA DE [FULANA]
QUE NÃO SOUBE REMAR.

SE EU FOSSE UM PEIXINHO
E SOUBESSE NADAR
EU TIRAVA a [FULANA]
DO FUNDO DO MAR.

SIRI PRA CÁ
SIRI PRA LÁ
[FULANA] É BELA
E QUER CASAR.

CANTIGA DE RODA. DOMÍNIO PÚBLICO.

A CARROCINHA

A CARROCINHA PEGOU
TRÊS CACHORROS DE UMA VEZ. BIS

TRA-LA-LA-LÁ
QUE GENTE É ESSA?
TRA-LA-LA-LÁ
QUE GENTE MÁ! BIS

CANTIGA DE RODA. DOMÍNIO PÚBLICO.

CABEÇA, OMBRO, PERNA E PÉ

CABEÇA, OMBRO, PERNA E PÉ
PERNA E PÉ.
CABEÇA, OMBRO, PERNA E PÉ
PERNA E PÉ.
OLHOS, ORELHAS, BOCA E NARIZ
CABEÇA, OMBRO, PERNA E PÉ
PERNA E PÉ.

CANTIGA DE RODA. DOMÍNIO PÚBLICO.

PEIXE VIVO

COMO PODE UM PEIXE VIVO
VIVER FORA DA ÁGUA FRIA [BIS]
COMO PODEREI VIVER [BIS]
SEM A TUA, SEM A TUA
SEM A TUA COMPANHIA. [BIS]

CANTIGA DE RODA. DOMÍNIO PÚBLICO.

A GALINHA

A GALINHA DO VIZINHO
BOTA OVO AMARELINHO.
BOTA UM, BOTA DOIS, BOTA TRÊS,
BOTA QUATRO, BOTA CINCO, BOTA SEIS,
BOTA SETE, BOTA OITO, BOTA NOVE,
BOTA DEZ!

CANTIGA DE RODA. DOMÍNIO PÚBLICO.

INDIOZINHO

UM, DOIS, TRÊS INDIOZINHOS
QUATRO, CINCO, SEIS INDIOZINHOS
SETE, OITO, NOVE INDIOZINHOS,
DEZ INDIOZINHOS NO BOSQUE
VINHAM ANDANDO PELA FLORESTA
QUANDO DUAS ONÇAS APARECERAM
E ASSUSTADOS OS INDIOZINHOS
SUMIRAM E SE ESCAFEDERAM.

CANTIGA DE RODA. DOMÍNIO PÚBLICO.

Referências

CIT, Simone. *História da música popular para crianças*. Curitiba: Edição da Autora, 2006.

Sugestões de leitura

Coleção crianças famosas: Bach, Handel, Mozart, Chopin, Villa-Lobos, Hayden, Brahms, Schubert, Schumann e Tchaikovsky. Susan Hellard, Ann Rachlin.
São Paulo: Callis, 2010.

Coleção mestres da música: Beethoven, Tchaikovsky, Bach, Mozart. Mike Venezia.
São Paulo: Moderna, 1999.

Coleção mestres da música no Brasil: Chiquinha Gonzaga, Caetano Veloso, Pixinguinha, Gilberto Gil, Chico Buarque, Villa-Lobos. Vários autores.
São Paulo: Moderna, 2006.

História da música em quadrinho. Michael Sadler, Denys Lemery e Bernard Deyries. São Paulo: Martins Fontes, 2010.

História da música popular brasileira para crianças. Simone Cit.
Edição da Autora, 2006.

A orquestra tintim por tintim. Liane Hentschke, Susana Ester Kruger, Luciana Del Ben, Elisa da Silva e Cunha. São Paulo: Moderna, 2005.